NOTICE

SUR LA

FAMILLE THOLOZAN

A LA

RÉVOCATION DE L'ÉDIT DE NANTES

(1685)

NIMES
IMPRIMERIE CLAVEL ET CHASTANIER
12, rue Pradier, 12

1883.

Copie de la lettre de M. David THOLOZAN, pasteur à Ecublens.

A MM. Jacques-Etienne, si je ne me trompe, et Pierre THOLOZAN, à Vars.

Culli, près Lausanne, le 3me octobre 1739.

Messieurs mes très chers cousins,

J'ai appris de vos chères nouvelles par le moyen d'une demoiselle Lombard établie à Lausanne ; j'ai su que vous vous rendez, dit cette demoiselle, de temps en temps à Chambery où je me ferai un plaisir de vous y joindre, si je pouvais vous y être d'un grand usage ; car d'ailleurs je ne puis quitter que très difficilement, et encore faudrait-il bien savoir que vous vous y rendrez ; mais si je n'ai pas le bonheur de vous embrasser, au moins il vous serait très aisé de m'envoyer une lettre. Monsieur David, Monsieur Garcin et bien d'autres personnes à Embrun et ailleurs vous tiendraient volontiers lieu d'écrivains, si vous ne pouviez ou ne vouliez mettre la main à la plume ; peut-être même que M. votre curé ne vous refuserait pas ce petit office sur des choses que l'on pourrait écrire à un païen ou à un mahométan. Nous avons dans ce pays des villages où il y a un seul temple pour les religionnaires, huguenots, calvinistes ou comme on voudra nous nommer, car les noms ne signifient rien : nous ne dépendons ni de Calvin ni d'aucun homme, mais de Jésus-Christ seul, et de sa parole ; il y a, dis-je, un seul temple pour ceux de la religion, et pour messieurs les catholiques, romains, si non que ceux-ci ont pour eux le chœur et les images. MM. les curés et MM. les ministres de l'Evangile s'accordent fort bien, et ils recommandent à leurs paroissiens la douceur et la charité, comme une des grandes marques du chrétien, sans que la croyance que nous nous sommes donnée cause des querelles ; d'autant plus que cette croyance est adoucie par les ordres des deux souverains des deux cantons de Berne et de Fribourg, et que MM. les ministres laissent leur peuple parfaitement libre d'embrasser la religion que leur conscience approuve. Mais cette liberté de notre part ne sert qu'à disposer de plus en plus nos gens à supporter davantage ceux qu'ils croient être dans l'erreur, et à ne pas nous faire regarder de ceux de l'Eglise romaine avec horreur, d'autant plus qu'ils voient que nous nous attachons au Créateur de toutes choses, à Jésus-Christ son fils et au Saint-Esprit, un seul Dieu béni éternellement. Si donc le pape, qui sait bien avec quelle harmonie l'on vit dans ce pays ne se récrie point sur ce sujet, qui est-ce qui pourrait trouver mauvais que vous écrivissiez au moins une fois à vos cousins germains pendant que vous avez encore votre oncle en vie. Vous savez, Messieurs et chers cousins, que je ne suis entré dans aucune controverse ; je vous ai demandé simplement diverses choses qui concernent notre famille ; vous devez remplir cet office de parents d'autant plus que je vous réitère que notre souverain demande à présent à savoir l'origine des fils des étrangers qui ont des emplois dans son pays, c'est ce dont on ne s'était jamais informé. Ne me refusez donc pas de me dire en peu de lignes, tant peu qu'il vous plaira, autant que vous pourrez le découvrir par les papiers de la maison, par les parents d'Embrun, Vars et d'ailleurs, d'où notre famille est sortie originairement; si d'abord elle n'a pas été dans les vallées du Piémont, puis à Embrun et aux environs, et depuis quand notre branche en particulier est établie à Vars. Si vous ne pouvez avoir aucun éclaircissement sur tout cela, il n'y a qu'à me le dire, aussi bien que sur les autres branches de notre famille, et en particulier sur les MM. Tholozan de Remolon. Encore une fois, je ne vous demande que ce que vous pourrez découvrir sans peine ; faites-moi aussi le plaisir de m'entretenir de votre état et de celui de vos chères épouses mes cousines, du nom de leurs familles, ce qui rappellera peut-être à mon cher père quelque idée de son lieu natal ; il vit toujours avec une cuisse cassée, mais bien soigné, grâces à Dieu, par ma sœur Isabeau et par mon frère David-Pierre, qui ne se marient point. J'ai épousé une demoiselle Real de Lausanne, de qui je n'ai aucun enfant, et mon cousin d'Orbe, fils de feu notre oncle Daniel qui a épousé une demoiselle de Gingins de grande noblesse mais sans beaucoup de bien (non plus que mon épouse), ne lui donne non plus aucun héritier ; mais notre cousin Isaac Chabrand, a un fils et trois filles. Dites-moi quelque chose des parents que nous avons à Embrun ; de cette famille ou ailleurs peut-être, ne se feront-ils aucune peine de m'écrire, je les salue. Je vous ai dit que je ne voulais entrer dans aucune controverse, étant tout à fait du sentiment de M. l'abbé de Saint-Pierre qui donne aujourd'hui de si beaux livres à Paris, et qui dit qu'il en est de la vérité comme d'une pièce de bois sec que l'on assujettit au fond de l'eau, dès qu'on la laisse libre elle monte au dessus et paraît de même; dès qu'on laisse à la vérité la liberté de se montrer, elle se fait voir aisément à tous ceux qui l'aiment de tout leur cœur *plus que père, enfants, biens, repos, plus que leur vie:* Car il s'agit d'aimer la vérité en Dieu, qui est la source sans aucune sorte d'hypocrisie, c'est-à-dire sans se réserver quelque autre passion secrète et dominante pour l'aise, pour le plaisir, pour la tranquillité ou pour quelque autre objet ; ce que Dieu sait bien démêler, car *il est plus grand que notre cœur.* Or les hypocrites ne sauraient subsister devant lui, quelles que soient leurs qualités d'ailleurs. Il s'agit de ne pas craindre ceux qui ne peuvent donner la mort qu'au corps et qui ne peuvent rien faire de plus ; il faut craindre celui qui peut tuer le corps et l'âme et les jeter tous deux dans la géhenne, *Pour certain craignez celui-là,* dit notre Sauveur, de cette manière, nous étudierons la doctrine de notre maître ; quoique qui puisse arriver *nous y persisterons, nous y reconnaîtrons* de plus en plus *la vérité* qui est *selon la piété et la vérité nous affranchira* de tout esclavage d'erreur, de vice et de crainte ; or cette vérité c'est la parole de Dieu selon que le dit notre Sauveur, *sanctifie-les, ta parole est la vérité. Sondez les écritures ; car c'est par leur moyen que vous espérez d'obtenir la vie éternelle, et ce sont elles qui rendent témoignage de moi.* Nous voyons parmi nous, que les plus grossiers paysans, dès qu'ils ont bonne volonté, comprennent la parole de

Dieu dans ce qui est nécessaire au salut ; plût à Dieu que nous l'eussions et que nous fissions comme il faut, ce qu'un homme du commun qui a son salut à cœur est en état de comprendre ; qui est-ce qui ne comprend pas ce qu'on lui dit pour ses intérêts temporels ?

Dieu ne nous a pas moins donné d'intelligence pour les intérêts éternels : *Je te rends grâce*, disait notre Sauveur à son père, de ce qu'ayant caché *ces choses aux sages et aux habiles* (dont l'habileté jointe à l'intérêt et à l'amour du repos, ne sert souvent qu'à leur faire trouver mille détours pour favoriser l'erreur comme cela se voit dans de très habiles avocats, qui viennent à bout de s'aveugler sur des choses qu'un ignorant découvre) ; *tu les a révélés aux petits enfants*, c'est-à-dire aux Israélites *qui sont sans dissimulation*, tel qu'était Nathanaël, qui ne se réservait aucune passion favorite, qui dans tout temps, n'aiment et ne craignent rien tant que leur Dieu, qui ont en horreur toute hypocrisie dans le service qu'ils lui rendent.

Quiconque est pour la vérité, dit Jésus-Christ à Pilate, *entend ma voix* ; *celui qui veut faire la volonté de Dieu, connaîtra si ma doctrine vient de Dieu ou si je parle de mon chef.* Il sera au nombre de mes *brebis qui connaissent ma voix et qui l'écoutent*, et qui la suivent sans vouloir connaître la voix d'aucun étranger. *Qui est l'homme qui craint l'Eternel ?* disait déjà David au psaume xxv ; *l'Eternel lui fera connaître le chemin qu'il doit choisir*, et au psaume cxix-36 : *Dispose mon cœur à se tourner vers ta parole plutôt que du côté du gain.* Salomon ajoute que la *crainte de l'Eternel est le principe de la sagesse, et que l'intégrité des hommes droits les conduit* sur cette disposition du cœur plus propre à nous faire découvrir les vérités du salut, que toute l'habileté des hommes. Lisez une infinité d'endroits de la parole de Dieu, et en particulier l'Evangile selon saint Jean, chap. vii-17, x, 4-5, xviii-35, etc. Voyez aussi saint Jean, chap. ii, 20-26-27, iv, 6 et Thess. ii, 9, 10, 11, où saint Paul assure que ceux qui n'aiment pas la vérité pour être sauvés, sont capables d'être séduits par de faux miracles et de croire aux mensonges. Les sacrificateurs, les scribes et autres habiles du temps de Jésus-Christ, en sont de tristes exemples, en sorte que nous ne devons regarder qu'aux écritures divinement inspirées et à Jésus-Christ, comme celui qui seul est mort pour nous, ayant méprisé l'ignominie, et s'est assis à la droite de Dieu, afin que ceux qui n'ont honte ni de lui ni d'aucune de ses paroles, et qui combattent dans le même esprit contre le monde, et contre le péché, restent éternellement avec lui. Cette éternité vaut bien la peine que nous combattions quelque temps, fût-ce aux dépens de cette vie passagère. Le Seigneur nous réunisse tous avec Jésus-Christ, faisant aussi bien des vœux pour votre prospérité temporelle, celle de vos épouses que je salue fort et de votre chère famille, étant avec plaisir, Messieurs et chers cousins, votre affectionné cousin,

DAVID THOLOZAN, ministre.

Puisque j'ai assez de place avant de fermer ma lettre, j'ajouterai que vous devez profiter sans aucun renvoi du bonheur que la grâce de Dieu et la sagesse des évêques de France procure à l'Eglise en répandant dans le royaume les saintes Ecritures. Ne négligez rien pour avoir le Vieux et le Nouveau Testament, et instruire vos enfants dans les saintes lettres, comme Timothée l'avait été dès son enfance, comme Saint-Paul l'écrit à II Timothée, xii et 5. Gardez-vous bien de vous contenter d'aucun autre livre quelque bon qu'il soit et d'où qu'il vienne ; je ne vous conseille pas de vous en tenir à ceux que j'aurai composé. Il y a un testament parmi vous, imprimé à Mons, si je ne me trompe, qui récrie beaucoup contre le mépris que l'on fait de la voix de Jésus-Christ et du Saint-Esprit, qui parlait par les prophètes, par les apôtres et évangélistes. J'ai une belle concordance des quatre Evangiles, rangés par M. Leroux, curé à Andiville, dans le diocèse de Chartres, imprimée à Paris, l'an 1712, avec approbation, et dédiée à Mme de Maintenon. Je vous réponds que si on est pour la vérité plutôt que pour aucun avantage temporel, on découvrira ce qu'il faut savoir, au lieu que si l'on n'aime pas la vérité, on ne verra goutte dans les choses les plus aisées, comme les pharisiens qui se moquaient de la doctrine de notre Sauveur contre l'avarice et la vaine gloire ; l'amour de la vérité accorde tout. Sans cet amour, on ne cesse de disputer inutilement l'infaillibilité de Jésus-Christ ; rien ne suffit à pareilles gens pour les éclairer, et quand ils seront très savants, la science nous est nuisible, si nous nous laissons aller à leurs voix et non à l'exemple de Jésus-Christ.

L'original est à Nimes, chez Paul Tholozan, rue Notre-Dame, ancien hôtel du Parc, à Nimes ; actuellement chez M. Caucanas-Ducros. — 1880.

Copie du testament de M. le ministre THOLOZAN, du 3 janvier 1765, homologué par noble cour ballivale, le 3 juin 1766.

Au nom du Père, du Fils et du Saint-Esprit, du seul vrai Dieu béni éternellement. *Amen.*

Moi, soussigné, David Tholozan, ministre du Saint Evangile, jouissant, grâces à Dieu, du bon sens, persuadé que ma mort n'est pas éloignée, et que je n'en connais pas le moment, je prie Dieu du fond du cœur qu'il me fasse la grâce chaque jour, d'avoir tout mon recours par l'entière obéissance et par le parfait sacrifice de Jésus-Christ à son infinie miséricorde, afin d'obtenir le pardon du nombre innombrable de péchés d'omissions, de commissions dont je me suis rendu coupable, avec des circonstances très odieuses, par ma pure faute ; et, afin d'être aidé continuellement par son Esprit à donner une si grande attention à l'importance de tous mes devoirs, que je sois zélé pour toutes sortes de bonnes œuvres, et en particulier pour toute œuvre de miséricorde, à l'imitation de notre Sauveur Jésus-Christ. Convaincu que, pour être introduit dans le séjour des *saints qui sont dans la pleine lumière*, il faut être conforme au Saint des Saints, qui est charité.

C'est en lui rendant mes plus humbles actions de grâces, de ce qu'il élève mon cœur à ces pensées délicieuses, et qu'il me met en état d'y réfléchir sérieusement, que je fais ici ma dernière

DÉCLARATION TESTAMENTAIRE

J'institue sous les *conditions* ci-après proposées pour mes *héritiers*, les pauvres Français dont prend soin la charitable Chambre française de Lausanne, en vue des grands secours qu'elle leur fournit, et à l'égard du corps et à l'égard de l'âme particulièrement, à l'hôpital de l'Evêché, qu'elle tient de la grande et soutenue bénéficence de cette noble et très charitable cité, institution à laquelle me vient encore la favorable *réception* dans le dit hôpital, de feu ma chère sœur, avec le grand soin qu'on y a pris de la servir, quoique je ne fusse pas engagé de donner comme je l'ai fait à ce très favorable hospice, pour quelques semaines que ma sœur y a été soignée, cent écus blancs (1), et de plus son lit et ses nippes. Je remercie Dieu des sentiments chrétiens qu'il inspire à cette digne chambre française, priant le Père de toute miséricorde de l'y soutenir et fortifier malgré tant d'obstacles, de lui faire demander avec ardeur et constance la grâce d'avoir devant les yeux de remplir, sans jamais se rebuter, les caractères de la charité que décrit saint Paul, au chapitre XIII de sa première Epître aux Corinthiens.

Je lègue aux pauvres d'Ecublens, quinze écus blancs.

Je lègue aux pauvres de Saint-Sulpice, dix écus blancs.

Je lègue aux pauvres de Chavannes, cinq écus blancs.

Les conditions sous lesquelles j'institue les pauvres Français dont prend soin la très bienfaisante Chambre française de Lausanne, sont les sept suivantes :

L'année révolue de mon départ de cette vallée de misères, l'équitable Chambre française de Lausanne payera les susdits légats ; elle fera parvenir de même,

---

(1) L'écu blanc valait 4 fr. 50.

mais chaque année pendant cinquante ans, vingt écus blancs à chacune des trois branches provenues des trois filles de feu mon cousin Isaac Chabrand, savoir : 1º à la *Chabrand* qui a épousé un Clément de Cornens, où aux personnes qui en proviendront ; 2º à la branche de feu la Chabrand, veuve d'un Huguenin de la Saraz, ce qui fait soixante écus blancs par an, partagés entre ces trois branches, je prie la prudente Chambre française de ne jamais remettre, pour aucune raison, la moindre partie de cet argent aux créanciers de ses dits légataires.

Jeanneton Huguenin, fille de ma cousine et filleule Huguenin, participera aux susdits vingt écus blancs ; de plus, comme elle a été remplie d'affection et d'attention au sujet des dernières maladies de feu ma très chère femme et qu'elle m'a été par son amour pour la parole de Dieu, de même que par son obéissance et sa douceur, une très agréable et consolante compagnie, l'équitable Chambre aura la bonté de faire parvenir à la dite Jeanneton Huguenin, chaque année, vingt écus blancs, pendant la vie de cette secourante personne, et à son frère Louis, qui me sert fort bien, deux écus blancs sa vie durant chaque année.

Je lègue de plus à Jeanneton Huguenin, un lit garni, six draps, six nappes, six essuie-mains, six serviettes et un buffet de sapin.

Après les dits cinquante ans écoulés, les trois branches Chabrand, ci-dessus, ne recevront chacune que cinq écus blancs, qui font quinze écus blancs en tout par an, mais à perpétuité à prospérer, sinon, elle pourra se contenter de donner à chacune de ces trois branches deux écus blancs et même un seul chaque année.

Si pendant les cinquante ans indiqués, la Chambre française se trouvait par des cas fâcheux, qui lui fissent trouver la charge trop pesante de soixante écus blancs, elle pourra les réduire à quarante, savoir quarante francs à chaque branche de mes trois cousins Chabrand, pendant que la Chambre serait à l'étroit; ce dont elle sera juge absolue, au point qu'elle pourra priver totalement toute personne issue de mes dits parents qui formerait difficulté, et disposer à son gré du prétendu contingent de cette personne difficultueuse.

4º Au cas que mon beau-frère Ferdinand-Sébastien Hurtaut me survive, je prie la très digne Chambre française de lui faire parvenir cinquante francs au bout de chaque année de sa survivance ; s'il vient à décéder avant la révolution de la dernière année, la très prudente Chambre française ne sera pas tenue à rien faire parvenir à ses héritiers ; à râle de dite année seulement, donnera-t-elle, si elle le trouve équitable, quelques satisfactions aux personnes qui l'auraient soigné, surtout dans ses maladies et dans son lit de mort, jusqu'à la concurrence de cinquante à cent francs pour tous soins, remèdes, etc.

5º Feu ma très chère femme née Hurtaul, m'ayant très fort recommandé Jeanne Pingot, pour en avoir été fidèlement servie, particulièrement dans nos maladies, et voulant la retenir à mon service, où elle a rempli son devoir pendant seize ans, je lui lègue neuf cents francs qui, joints aux cent francs qui lui a donnés ma chère femme, font la somme de *mille francs*. Je ne lui fais le legs de neuf cents francs que sous deux conditions : la première, qu'elle remplira la promesse qu'elle a faite à ma femme de ne pas abandonner volontairement et sans raisons mon service ; la seconde condition, c'est qu'elle me survive, sinon les mille francs seront anéantis pour ses héritiers. La prudente Chambre française pourra, au cas que Jeanne Pingot me survive, lui payer ou à son *agent chargé*, en trois termes, cette somme. Le premier terme du paiement, sera une année après mon décès ; je donne encore à Jeanne Pingot, sous les mêmes conditions, qu'elle n'abandonne pas mon service sans nécessité, savoir : *un lit garni et six draps* à son choix. Elle pourra choisir une garde-robe de sapin.

Jeanne Pingot et Jeanneton Huguenin, si elles ne sont pas hors de mon service sans nécessité, auront, en cas de mon prédécès, toutes les provisions que je laisserai en *grains*, *pain*, *farine*, *beurre*, *fromage*, de même qu'un grand *demi-char de vin* à leur choix, et tous les ustensiles de *fer*, de *bois* et de *terre*. Cela parviendra entièrement à celle qui me servira.

Je donne encore à chacune d'elles, un bassin d'étain et une demi-douzaine d'assiettes d'étain à leur choix.

6° La très estimable Chambre française fera remettre cent écus blancs à l'hôpital de Grandçon, sur ce qui m'est dû de ce bailliage-là, payable à la commodité de la Chambre.

Si M. le lieutenant baillavial Janneret, où l'un de Messieurs ses fils ou petits-fils veulent bien tendre la main pour la perception de ce que j'ai à Grandçon, et dans ce bailliage, en papiers, maisons et boutique, soit des revenus, soit de la vendition, j'entends que la Chambre française se contente de deux et demi pour cent de ce que me doivent M. Jeanneret et Mesdames ses sœurs.

7° Si contre toute apparence, quelque Thoulousant ou Tholozan, de Vars, diocèse d'Embrun, se réfugiait dans quelque lieu des Etats immédiats ou médiats de nos très charitables souverains seigneurs LL. EE. de Berne, et qu'ils fissent *profession* de notre sainte Bible, je prie fort la pieuse Chambre française de Lausanne d'en prendre le plus grand soin, pourvoyant à leur honnête entretien, à leur procurer quelque apprentissage ou quelqu'autre occupation selon leurs talents ou leurs capacités ; surtout qu'ils soient bien instruits et confirmés dans la pure foi en la parole de Dieu, en toute charité et miséricorde, caractère principal et couronnement des disciples de notre Sauveur Jésus-Christ ; on tâchera de pousser quelque Tholozan dans la moisson du Seigneur, pour y être ouvrier par le saint ministère, ou, ce qui n'est pas moins considérable et honorable, par l'enseignement et l'éducation des enfants.

Je sollicite tous les secours avec les mêmes précautions en faveur des personnes de notre sainte religion qui porteraient le nom de *Ripert*, qui était le nom de famille de ma chère mère, laquelle famille était établie à Valderon en Dauphiné.

J'en dis de même en faveur des Mussetons, de Saint-Jean, dans les vallées du Piémont, issus d'une sœur de feu ma mère, qui conduisit à Saint-Jean, leur oncle, M. le ministre Rippert, où il était pasteur évangélique.

Je lègue à mon filleul David, fils de Jean-Albert Jacquemont, deux écus blancs et un de mes habits.

Je lègue à *David*, fils du sieur Rodolphe Masson, deux écus blancs.

Je lègue à Louis Huguenin, outre les deux écus blancs annuels touchés dans la seconde condition, un de mes habits complets, avec une paire de bas et chapeau.

Je lègue à M. le proposant David Gilleron, mon filleul, mes commentaires de Grotius, de Calvin, de Bèze, d'Erasme, ma théologie de Limborch et de Cattembourg, mes commentaires de Limborch, et mes thèses de M. le professeur Roi.

Je lègue à mon filleul David Cornu de Savines, deux écus blancs. En foi, je signe le présent testament, le 3ᵉ janvier 1765 (mil sept cent soixante-cinq.)

Signé, David THOLOZAN,

Ministre de l'Evangile, apposant encore ici mon cachet. — (D. T.)

Que la copie ci-dessus a été exactement tirée du registre des homologations du château de Lausanne, attestée après deux collations.

Le secrétaire baillival du dit Lausanne, soussigné, le 21 mai 1777,

R. GAULIS.

La copie originale se trouve chez les enfants de Paul Tholozan, à Nimes. 1866.

La famille Chabrand des Orres, en 1774, a plaidé contre la donation à la Chambre française, l'affaire a été transigée à moitié.

1670, le 5 septembre, David Tholozan, feu Jean, de Vars, a laissé pour famille, Marguerite Tholozan, femme Paul Chabrand des Orres ;

Marie Tholozan, femme Joseph Calandre ;

Catherine Tholozan, mineure ;

La femme de David Tholozan, feu Jean, était Mlle Jouve, dont le frère était notaire.

Copie des registres du Vars.

Nous, curé et châtelain, consul, officier municipal de Vars, en Embrunais, certifions à tous ceux qui appartient que le sieur J.-A. Tholozan, feu Paul du dit Vars, petit-fils du sieur Pierre Tholozan, sont natifs de Vars, et sont les plus habiles à succéder aux biens du sieur David Tholozan, leur cousin, décédé en Suisse, et que de plus, les registres ont été enlevés par les ennemis de l'Etat, en 1692 ; que cependant la vérité est telle que les susnommés sont les plus proches parents dudit David Tholozan, décédé en Suisse, ainsi le certifions.

A Vars, le 12 janvier 1774.

Pierre Garam, curé ; Louis Reissent, Joseph Châtel, Juzian, consul ; Joseph Concordan, consul ; Joseph Rostan, consul ; Tholozan, notaire et consul; Benoît, consul ; Dominique, propriétaire.

L'état civil avant 1697 a disparu, ainsi qu'il est dit dans le certificat délivré par le curé et autres à J.-A. Tholozan.
Ceux qui avaient intérêt à cette action, devaient être de ceux qui se sont emparés des biens des *émigrés protestants.*

Extrait de naissance de Jean-Antoine THOLOZAN, de Vars.

DÉCÉDÉ A VARS LE 31 JANVIER 1815

L'an 1742 et le 23 juin, fut baptisé Jean-Antoine Tholozan, fils naturel et légitime de probe Paul Tholozan et la honnête Suzanne Queyras, fille de M⁰ Queyras, notaire à Saint-André-lez-Embrun, mariés ; le parrain fut M⁰ Tholozan de la Madelaine, avocat au Parlement, et la marraine, Marguerite Tholozan de la Madelaine, sa fille, qui a signé la présente.
Berthalon, curé, Paul Tholozan, Tholozan de la Madelaine ; Margueritte Tholozan de la Madelaine ; Bonardel, Argeny, Jean Borel, Baron, J. Jemond.

A Monsieur THOLOZAN de la Madelaine, avocat à Embrun (Dauphiné.)

Soleure, le 1er août 1773.

Je reçois dans ce moment, Monsieur, et je m'empresse de répondre à la lettre que vous avez pris la peine de m'écrire le 20 de ce mois dernier : les Français ont le droit de succéder en Suisse, comme les Suisses succèdent en France, et les effets provenant des successions, sont exempts de tous droits d'aubaine et de traite foraine dans les états respectifs. Si vous envoyez votre fils à Lausanne, il faut avoir soin de le charger de tous les papiers qui lui sont nécessaires pour établir ses qualités et ses droits à la succession de votre cousin ; il n'éprouvera bien sûrement point, comme Français, de difficultés pour la recueillir.

Soyez persuadé, Monsieur, de la parfaite considération que j'ai pour vous.

Le chev. DE BEAUTEVILLE.

L'original est chez les enfants de P. Tholozan, à Nimes (1866) ; actuellement chez M. Caucanas-Ducros. — (1879.)

Pierre BLUSSET et Olympe RUELLE

M. Patras, colonel dans les troupes de Hollande, héritier de M. Patras, ministre des états de Hollande, retiré à Grenoble, où il est mort en 1815.

M. Antoine Patras, ministre des états de Hollande, héritier du vice-roi son oncle.

M. Patras, maître aux comptes, à Grenoble.

Abraham Patras, vice-roi aux Indes orientales, où il est mort.

Antoine Patras, médecin à Grenoble.

Olympe Blusset, mariée à M. Patras, à Grenoble.

François Blusset.

Anne Blusset, mariée à François Tholozan, retiré aux Orres sur Embrun.

François Tholozan, des Orres.

Jean-Joseph Tholozan, ex-juge au tribunal de Briançon.

Autre François Tholozan, avocat fiscal à Malac, aux Indes, et mort à Batavia en 1766.

Constantin Tholozan, Louis-Théodore, Eugène, Florimond-Eugène, Charlotte et Julie Tholozan, frères et sœurs de Constantin.

Marie et Léa Tholozan, mortes à Batavia en 1793. Suivent les instructions données à M. Patras, colonel, retiré à Grenoble ; leur mère nommée Jeanne Janson.

François Tholozan, mort à Batavia, avait deux filles nommées Marie et Léa ; il fit son testament par-devant notaire, en 1766, où il légua à ses père et mère quarante mille florins de Hollande (qu'il avait en banque à Mildebourg, en Europe); son diamant et une médaille d'or de mérite qu'il avait reçue des états de Hollande, pour être remis en nature à ses père et mère, et institua ses héritiers de son château sur le chemin d'Angettes, et de ses autres biens, Marie et Léa, filles de Jean Janson, nées, est-il dit, dans la maison du testateur.

L'expédition du testament est déposée à la Haye (Hollande), chez Me Avon, notaire.

François Tholozan passa aux Indes sous les auspices de M. Antoine Patras, député à Malacca, où il fut connu par le régiment de Quercy, en 1762 ; il passa ensuite à Batavia, où il mourut en 1766 ; par son testament, il nomma le Gouverneur de Batavia son exécuteur testamentaire.

M. François Tholozan passa dans les Indes orientales sous la protection de son parent, M. Antoine Patras, ministre des états de Hollande ; il fut d'abord en Chine, puis adjoint fiscal à Malacca ; il donna une fête au régiment de Quercy français, en 1762 ; il se retira ensuite à Batavia où il fit son testament par-devant notaire, en 1766, dans lequel il légua à François Tholozan et à la dame Ojon, ses père et mère, et s'ils étaient morts, moitié à Jean-Joseph son frère, et l'autre à ses sœurs, la somme de quarante mille florins de Hollande, qu'il avait en banque à Midelbourg, valant 80,000 livres tournois.

2° Il ordonna de faire remettre en nature, à ses héritiers de France, une médaille de mérite en or, que les états de Hollande lui avaient décernée, et son diamant, valant, suivant un jugement français nommé en Gévaudan, 30,000 fr. Il fit héritiers de ses autres biens, Marie et Léa, nées dans la maison du testateur de Jeanne Janson, à qui il légua les fruits jusqu'à leur mariage où jusl'âge de vingt ans, si à cet âge elles étaient mariées, et nomma ses exécuteurs testamentaires : sur les lieux, le Gouverneur de Batavia, et en Europe, Mme Vanchine, née dans le Bengale, douairière de M. Antoine Patras, à La Haye (Hollande.)

Le Gouverneur de Batavia, exécuteur testamentaire, liquida la succession et garda pour lui 8.500 fl. 17.000 fr. qu'il n'a jamais envoyés ; il fit passer en Europe à Mme Vanchine veuve Patras, l'expédition du testament, la médaille et le diamant. Le testament fut déposé chez Me Avon, notaire à La Haye. Mme Patras n'envoya pas la médaille ni le diamant. Mme Patras fit passer une expédition du testament et 44,000 francs et lettres de change de 5.000 pièces en différentes époques dans le courant de l'année de 1768-1769, aux père et mère Tholozan, héritiers.

M. Tholozan, frère du défunt, juge retraité, fut à Paris en 1779 pour recueillir la succession de M. Ojon, adjoint, et prendre, en partant de Paris, le père de la dame Ojon, sa mère. Muni de la procuration de ses père et mère, il se proposa d'aller à La Haye retirer les 36,000 francs que Mme Patras avait encore des 40.000 francs qu'elle avait retirés de la banque de Mildelbourg ; mais il apprit, avant son départ, qu'une compagnie de juifs lui avait soutiré une somme de deux millions, et qu'elle avait fait banqueroute de trois millions deux cent mille livres, par conséquent de douze cent mille livres au détriment de ses créanciers.

M. Patras, mort à Grenoble depuis 1815, neveu de M. Patras, de Hollande, et qui avait des relations à Batavia, apprit à M. Tholozan, juge retraité en 1799, que Marie et Léa, ses nièces, à Batavia, étaient mortes.

Leur héritage aura été recueilli par les Anglais qui ont conquis Batavia. Les 17,000 francs que le Gouverneur avait retenus, sont également perdus. L'héritage de M. Ojon a été réduit à zéro : le procureur fondé à Paris fit également banqueroute.

A la révocation de l'Edit de Nantes, un pasteur nommé Giraud, marié à une Tholozan, de Vars, reçut l'ordre par huissier d'abjurer : il passa à l'étranger. Les nouvelles qu'on a de sa descendance sont de 1848. M. Giraud, préfet à Gap (gendre de M. Teulon, premier président à la cour d'appel de Nimes), reçut une lettre des Giraud, pour réclamer le bien de leur ancêtre, qui avait été confisqué à la révocation de l'Edit de Nantes. On ne sait pas si le préfet a fait une réponse; on ne sait pas de quel pays est datée la lettre. Si on tenait à le savoir, cette lettre doit être aux archives de Gap.

ETAT CIVIL DE VARS.

20 juin 1697, est née Marie Tholozan, fille de feu Jean-Isaac et de Marguerite Giraud.

30 août 1697, est né Jacques Tholozan, fils de Pierre et de Madeleine Chabrand.

24 mars 1699, est née Madelaine Tholozan, fille de Jean et de Marguerite Giraud.

28 juillet 1699, est né Jean Tholozan, fils de Pierre et de Magdeleine Chabrand.

30 juin 1702, est née Marie Tholozan, fille de Pierre et de Magdeleine Chabrand.

21 juillet 1703, mort de Marie Tholozan, fille de Pierre.

21 décembre 1704, est née Marguerite Tholozan, fille de Jean et de Marguerite Giraud.

22 janvier 1705, mort de Marguerite Tholozan.

29 août 1704, est né Paul Tholozan, fils de Pierre et de Madeleine Tholozan.

21 décembre 1706, est née Marguerite Tholozan, fille de Jean et de Marguerite Giraud.

7 mars 1710, mort de Marie Tholozan, fille de Pierre, âgée de 9 ans.

22 juin 1710, mort de Marie Tholozan, fille de Jean, âgée de 13 ans.

1er février 1711, mort de Paul Tholozan, âgé de 80 ans.

14 décembre 1723, est née Magdeleine Tholozan, fille de Paul Tholozan et de Suzanne Queyras, notaire à Saint-André (Embrun).

22 décembre 1725, est née Jeanne Tholozan, fille de Paul et Suzanne Queyras.

14 janvier 1726, mort de J.-P. Tholozan, fils de Jacques, âgé de 8 ans.

16 décembre 1725 est née Magdeleine Tholozan, fille de Jacques et d'Elisabeth Queyras.

19 décembre 1725, est née Jeanne Tholozan, fille de Paul et de Suzanne Queyras.

17 décembre 1727, est née Jean-Antoine Tholozan, fils de Jacques et de Elisabeth Queyras.

8 août 1728, est née Marie Tholozan, fille de Paul et de Suzanne Queyras.

22 mars 1730, est né Pierre Tholozan, fils de Paul et de Suzanne Queyras.

17 avril 1730, est née Jeanne Tholozan, fille de Paul.

22 mars 1731, est né Pierre Tholozan, fils de Suzanne Queyras.

23 août 1730, Mort de Pierre Tholozan, fils de Paul.

10 mars 1733, est née Jeanne Tholozan, fille de Paul et Suzanne Queyras.

20 août 1735, est né Pierre Tholozan, fils de Joseph et d'Elisabeth Queyras.

17 septembre 1738, est né Pierre Tholozan, fils de Joseph et d'Elisabeth Queyras.

28 octobre 1739, est né Pierre Tholozan, fils de Paul et de Suzanne Queyras.

27 mai 1741, est né Joseph-Claude Tholozan, fils Joseph et d'Elisabeth Queyras

23 juin 1742, est né Joseph-Antoine Tholozan, fils de Paul et de Suzanne Queyras.

Les renseignements que David Tholozan demandait à ses cousins, de Vars, par sa lettre du 3 octobre 1739, sur l'origine de sa famille, sont données dans l'ouvrage du curé Albert, publié en 1783.

En vente, à la librairie suisse Romande et chez Joel Cherbuliez, rue de Seine, 33, à Paris ; à Genève, Grand'rue.

Dépêches des ambassadeurs milanais sur les campagnes de Charles le Téméraire, duc de Bourgogne, de 1474 et 1477, par le baron de Gingins-la-Sarraz. 2 vol. gr. in-8°, folio 22. (Journal *Le Lien*, n° 38, 21 septembre 1867.)

Copie d'un fragment de lettre de J.-L. ROSTAN, pasteur, à Pierre THOLOZAN, du 9 août 1842.

D'Ormont, par Lausanne.

Voici mot à mot ce que j'ai lu dans une vieille Bible, aux Ormonts-dessus et qui a été tiré des vieilles archives du district, ou comme nous dirions en France, de la Commune.

Le vingt-deuxième pasteur à Ormont-dessus, depuis février 1705, fut David Tholozan, présenté le 9 novembre 1732, et en avril 1736 ; il fut établi diacre à Aigle. Ce qu'on raconte à son égard, c'est qu'il eut grand soin de faire instruire la jeunesse : il a bien censuré son troupeau et bien consolé.

Bulletin francais de la Société de l'histoire du protestantisme français, tom. IX, pages 465 à 473. Refugiés français en 1685, qui, en 1710 et 1711, se sont faits naturaliser sujets du roi de Prusse, habitant Neuchâtel (Suisse).

1710 31 mars, Paul Tholozan, marchand.
— 29 septembre, Isaac Tholozan, de Vars, marchand.
— 18 août, Jacques Blanc, de Briançon, marchand (parent maternel).

Extrait où sont inscrits tous ceux qui sont reçus à la bourgeoisie de la ville d'Orbe, canton de Vaud.

1703, 29 décembre, Daniel Tholozan, de Vars, reçut 600 florins. Cette famille est éteinte par les fils du susnommé, morts sans enfants, en février 1754 ; il n'y a point de testament.

J.-A. Tholozan, né le 23 juin 1742, décédé le 31 janvier 1815, a laissé dix enfants dont les noms suivent :

Premier lit, femme Borel : Madelaine, 1766, femme Borel, de Vars ; Paul, 1778 ; Marie Ducros, de Sommières ; David, 1786 ; Marie-Sophie Dencer de Bailleul (nord). — Deuxième lit, femme Marguerite Blanc, fille de M. Blanc et de Mme Borel, de Briançon : Suzanne, 1793, femme Rostan, à Vars ; J. Antoine, 1795, mari de Devèze, Nimes ; Pierre, 1797, mari H^{te} Morel (Cailar) ; Marie, 1800, femme F.-Mathieu Saint-Véran ; Isaac, 1804 ; M.-B. Denier-Bailleul (nord). Daniel, 1806 ; Caffarel, Vars ; Marguerite, 1841 : femme J.-Caffarel, Vars.

Histoire de Charonnet à Gap, 1867. (1 vol.)

Page 333. Pasteur Tholozan, à Gap, remplaça le pasteur Chion, qui mourut en 1677. Tholozan était encore à Gap au moment de la révocation de l'Edit de

Nantes et passa ensuite à l'étranger. Erlengen Barux, de 1685 à 1693. C'était Esprit Tholozan.

Page 335. — Les pasteurs Chiou, Tholozan et Pierre Tholozan, père de Paul, grand-père de J.-A. Tholozan, eurent un traitement de six cents livres. A la mort du premier, l'Eglise donna trois cents livres à sa famille, comme elle avait fait dans le temps à la mort de Samuel Chesle. Nous remarquerons, à propos du dernier pasteur Tholozan, que, par une singulière coïncidence, il avait épousé une demoiselle de Caritas de Condorcet, issue d'une famille qui donna, dans le xviii° siècle, un évêque à Gap et à la France, le fameux Condorcet.

Le 18 février 1685, Tholozan, sur l'ordre de l'évêque, signifie par huissier de quitter la France, ainsi que le Consistoire.

Vers le 4 août 1686, Tholozan, de Vars, eut à soutenir un procès contre le gouvernement qui voulait l'obliger de payer à l'hospice une somme que, jusquelà, on payait au Pasteur. L'auteur ne sait pas si Tholozan perdit ou gagna son procès. (Archives d'Embrun.)

Histoire de l'Embrunais, par ALBERT, curé, 1783. — 2 vol. in-8°.

1er vol., page 123. En delà de la Durance, vis-à-vis Embrun, on voit la maison de M. Tholozan de la Madelaine, ancien avocat du Roi, où il y avait la plus belle prairie que l'on pût voir ; mais la Durance en a emporté la plus grande partie. — Page 128. On voit à Barratier deux châteaux, celui des héritiers de noble Joseph Baille, parent d'un archevêque d'Embrun, et celui que possède M. Tholozan, qui est bâti à une petite distance au-dessus du village. — Page 136. M. de Tholozan, qui a été échevin à Lyon, ensuite maître des requêtes, et après revêtu des charges les plus honorables, est originaire de Saint-André ; un de ses ancêtres en sortit avec peu ; la fortune seconda son industrie et sa diligence a fait monter ses descendants au point où ils sont parvenus.

Il faut cependant dire, à la gloire de cette famille, qu'elle tenait anciennement un rang distingué dans le Briançonnais, ainsi qu'on le verra ci-après dans l'article Briançon. — Pages 251, 252. Parmi les quinze familles nobles qu'il y avait dans le Briançonnais, du temps de François Ier, celle des Tholozan y tenait un premier rang. Il y a encore des descendants de cette famille à Cézanne et dans les vallées cédées, à Verceil et à Carmagnole, dans le diocèse de Saluces ; il y en a même à Paris. M. de Tholozan, qui a été échevin de la ville de Lyon, ensuite maître des requêtes, et après, revêtu des charges les plus honorables de l'Etat, a prouvé que ses ancêtres étaient de cette famille.

La famille des Tholozan vient des anciens marquis de Cézanne, car on lit dans les *Essais* du sieur Froment sur la ville de Briançon, page 89, que M. Antoine de Tholozan, docteur en droit au baillage de Briançon, était issu des anciens marquis de Césanne, et qu'il avait été, en 1390, le fondateur du couvent des PP. Cordeliers de Briançon, avec Jacques de Montmaur, gouverneur en chef du Dauphiné. Ce M. Antoine de Tholozan avait un fief à Lasalle, à Saint-

Chaffrey et à Chantemerle, vers l'an 1400, qui fut aliéné à un nommé Bérard et ensuite vendu aux communautés de Saint-Chaffrey et de Chantemerle par un nommé Borel. On lit encore dans les mêmes *Essais* du sieur Froment, page 62, que lorsque la ville de Briançon fut incendiée en 1624, le feu réduisit en cendres un grand et vieux bâtiment du petit-fils de l'ancien seigneur de Saint-Chaffrey, qui est cet Antoine de Tholozan.

Chorier (*Histoire du Dauphiné*), fait aussi mention de ce M. Antoine de Tholozan, dans son histoire, tome II, page 392.

Les armoiries de la famille de Tholozan sont une sirène, etc.

Page 264. Les ancêtres de M. de Tholozan, aujourd'hui 1783, intendants de commerce, avaient, vers 1400, un fief à Lasalle de Saint-Chaffrey et de Chantemerle, qui a été aliéné à un nommé Bérard et ensuite vendu à la communauté par un certain Borel; c'est ce qu'on appelle encore le mas Borel. — Vol. 2, page 389. Le couvent des Cordeliers, à Briançon, fut fondé en 1390, par Antoine de Tholozan, docteur en droit. Il était le dernier de sa famille, ancien marquis de Césanne.

Pour copie conforme,
Is. THOLOZAN.

Bulletin de la Société de l'histoire du protestantisme, 1859, 8 vol., page 222.

Erlangen, 12.000 âmes, appartient à la Bavière. Le prince chrétien Ernest, margrave de Brandebourg, fit bâtir un temple; la première pierre fut posée le 14 juillet 1686, et fut terminé le 24 février 1693. Le pasteur français Esprit Tholozan fit le discours de dédicace.

Sermon de dédicace du temple de la nouvelle Eglise, par Esprit Tholozan, pasteur et professeur en théologie, du 24 février 1693. Nouvelle édition en 1726, dédiée aux prince et princesse Monseigneur le margrave de Brandebourg Baireuth.

Noms des pasteurs de l'Eglise française de Chistian Erlangen, du n° 1 au n° 22. Premier pasteur, Esprit Tholozan, de 1686 à 1693.

22°, F. Ebrard fut le dernier qui prêcha en français, vers 1818.

Aigle, Vaud (Suisse), le 21 mai 1863.

Monsieur Is. Tholozan, rue Guizot, à Nimes.

Mon honorable collègue, M. le pasteur Gaberel, m'ayant communiqué votre lettre, je vous annonce que le pasteur Tholozan a effectivement figuré sur la liste des pasteurs d'Aigle, vers l'époque indiquée par vous; que l'État civil pourra, si vous le désirez, vous l'attester avec dates d'entrée, etc.; mais que pour rechercher les dispositions testamentaires, il faudrait s'adresser aux études de notaire, démarches qui entraîneraient peut-être quelques frais. Je ne suis pas sûr, d'ailleurs, que les registres de ce genre soient encore entre leurs mains, depuis les années 1700 à 1720 que vous marquez.

Si toutefois vous désirez essayer, vous devez vous adresser à M. de Rameru fils, avocat à Aigle : en me nommant, il fera le nécessaire. Je puis vous le donner comme un homme loyal et très consciencieux.

Agréez, Monsieur, mes bien sincères salutations,

S. BÉRARD, pasteur.

Bavière, Erlangen, 9 juillet 1863.

Monsieur Is. Tholozan, Nimes.

Mon cher père auquel votre lettre du 15 juin est adressée, est déjà mort depuis deux ans ; veuillez vous adresser au pasteur français de la commune, M. Aldebert, il vous satisfaira à votre demande, etc.

Théodor RENAUD, st. 12.

Bulletin *la Société de l'histoire du protestantisme français*, n°s 4 et 5 avril, et mai 1863, page 127.

David Tholozan, pasteur à Gap, 1677, réfugié en Suisse à la révocation, demande des renseignements.

On nous demande, par M. Maurin, pasteur, s'il serait possible de trouver quelque part des renseignements sur un pasteur nommé David Tholozan, qui aurait quitté Gap à la révocation de l'Edit de Nantes, et se serait fixé à Lausanne ou à Aigle. Voici ce que M. Charronnet, dans son excellent ouvrage, *les Guerres de religion de la société protestante dans les Hautes-Alpes* 1861, in-8°, p. 333, 335, 403 (voir le détail aux pages indiquées). Pag. 470, Tholozan, de Vars, est cité en abrégé ; l'article porte aussi la note donnée par J. Rostan en 1842, et ajoute : «On pourrait en rencontrer des informations plus détaillées; nous prions nos lecteurs de s'en enquérir». Les listes de Genève et de Lausanne n'ont fourni à M. Haag, aucune indication. Un Toulouzan, d'Orange, est cité par eux à l'article Carital et sans doute aussi ailleurs. Les tables auxquelles ou travaille nous l'apprendront plus tard.

Nota. — Le pasteur Tholozan, cité par Charronnet, devait être Esprit Tholozan, pasteur et professeur en théologie, à Erlangen (Bavière), en 1686.

Il était pasteur à Gap en 1684 ; vu sa signature sur les registres baptistaires en 1683 ; Condorcet signant à côté de la sienne.

Le fameux Condorcet, né à Ribemont (Aisne), originaire du Dauphiné (note de Bouillet et Grégoire), mourut en 1793 : il s'empoisonna pour échapper au tribunal révolutionnaire.

www.ingramcontent.com/pod-product-compliance
Lightning Source LLC
Chambersburg PA
CBHW061530040426
42450CB00008B/1869